EL TERROR DE LA REVOLUCIÓN FRANCESA

El momento más oscuro
del periodo revolucionario

Por Mélanie Mettra
En colaboración con Thomas Jacquemin
Traducido por Marina Martín Serra

Historia en50MINUTOS.es

EL TERROR

- **¿Cuándo?** De 1792 a 1794.
- **¿Dónde?** En Francia.
- **¿Contexto?** La Revolución francesa (1789).
- **¿Principales protagonistas?**
  - Georges Couthon (1755-1794).
  - Maximilien de Robespierre (1758-1794).
  - Louis Antoine de Saint-Just (1767-1794).
- **¿Repercusiones?**
  - El Terror Blanco (mayo-junio de 1795).
  - El Directorio (26 de octubre de 1795-9 de noviembre de 1799).

El inicio de la Revolución francesa se acostumbra a situar en 1789. Sin embargo, es difícil determinar cuándo acaba, ya que está marcada por una sucesión de regímenes muy diversos: de la monarquía a una forma de monarquía constitucional, de la república al consulado, hasta el imperio. También es complicado definir las representaciones que transmite y el imaginario que la rodea.

La Revolución francesa es a la vez un símbolo de libertad y de realización de los ideales de la Ilustración, al tiempo que está manchada con la marca de la violencia y la sangre, sobre todo durante dos años de gobierno cuya denominación revela toda su magnitud: el Terror. Entre 1792 —o 1793, ya que delimitar los movimientos bruscos de la historia es, de nuevo, una ardua tarea— y 1794, cuando nace la Primera República de la historia de Francia, los hombres que idean la Revolución tratan de crearla y protegerla utilizando los medios que habían denunciado y que continuarían denunciando. Esta época paradójica —como en el establecimiento de una democracia por parte de la oligarquía—, de confrontación de concepciones del progreso político y humano profundamente divergentes, también hace pasar a la posteridad a personajes tanto fascinantes como aterradores.

CONTEXTO

EL FIN DE LA MONARQUÍA

En 1789, después de fuertes desacuerdos con el Parlamento de París, los parlamentos provinciales y el clero sobre la creación de un nuevo impuesto destinado a volver a llenar las arcas del Estado, y después de manifestaciones populares cada vez más violentas, Luis XVI (1754-1793) ordena que se reúnan los Estados Generales. En representación de la nobleza, el clero y el tercer estado, para este último constituyen la oportunidad de expresar un deseo de renovación imbuido por la filosofía de la Ilustración y la Revolución estadounidense (1776-1783).

LAS REIVINDICACIONES DEL PUEBLO Y DE LOS ESTADOS GENERALES

Frente a la crisis económica y parlamentaria, las reivindicaciones del pueblo se recogen en los cuadernos de quejas, cuya redacción es anterior a la apertura de los Estados Generales para que sirvan para los debates que tendrán lugar.

Nadie es hostil a la monarquía, pero todos quieren que se escuche la opinión de todos. La población urbana y rural desea una bajada de los impuestos, una política más eficaz contra la miseria y el hambre, y menos desigualdad. El tercer estado, por su parte, reclama ante todo una constitución que conceda más libertades individuales y la igualdad de todos ante la ley, un poder legislativo conjunto en manos del pueblo y del rey y un poder ejecutivo únicamente en las manos del monarca.

Los Estados Generales se reúnen por primera vez en mayo de 1789 en Versalles. El temor de un voto por orden (un voto para la nobleza, un voto para el clero y uno para el tercer estado) se confirma para los diputados del tercer estado, que entonces serían minoría. A continuación, este se proclama Asamblea Nacional, representando a la mayoría de la población francesa. El tercer estado, con la prohibición de sentarse con los otros dos estamentos, se reúne el 20 de junio de 1789 en la sala del Juego de Pelota, donde jura no separarse hasta que se haya escrito una constitución. Acompañados por los diputados del clero, los tres estamentos acaban reunidos.

Pero el pulso que los enfrenta al rey, la presencia de las tropas reales alrededor de la sede de los Estados Generales, la publicación de folletos y panfletos y el miedo a la hambruna han alimentado la ira de los parisinos, que toman los depósitos de municiones de los Inválidos y luego de la Bastilla el 14 de julio de 1789. Entonces, los acontecimientos se precipitan. Durante la noche del 4 de agosto, los privilegios vinculados al sistema feudal son abolidos. El 26 de agosto, se aprueba la Declaración de los Derechos del Hombre y del Ciudadano. Sin embargo, Luis XVI sigue rechazando los textos promulgados por la Asamblea Constituyente, aun cuando esta última prevé un derecho de veto para los representantes de la nobleza y el clero.

En octubre, mientras que el miedo a la hambruna asola

de nuevo a la población parisina, esta se dirige en masa a Versalles y obliga al rey a abandonar la ciudad y llegar hasta París. En su palacio de las Tullerías, ahora bajo arresto domiciliario, Luis XVI asiste a la radicalización de la Asamblea. Es detenido durante la noche del 20 al 21 de abril de 1791 en Varennes, al intentar huir del cerco parisino con su familia. Lo traen de vuelta a la capital, donde la Asamblea lo confirma en sus prerrogativas como un monarca constitucional, pero el pueblo ahora siente resentimiento hacia él por lo que considera una traición.

Convertido en rey de los franceses —y ya no en rey de Francia—, acepta la nueva Constitución en septiembre de 1791 y apoya la parte girondina de la Asamblea Legislativa —que sucede a la Asamblea Constituyente— en su voluntad de declarar la guerra al emperador de Austria en la primavera de 1792. Aunque se muestra favorable a esta lucha, no lo hace para ampliar la revolución como desean los diputados, sino con la esperanza de que su cuñado derrote las tropas francesas y le devuelva plenamente su autoridad. En julio, los prusianos entran en Lorena y, a petición de María Antonieta (reina de Francia, 1755-1793), el duque de Brunswick Carlos Guillermo (comandante en jefe de los ejércitos austro-prusianos, 1735-1806) escribe un manifiesto en el que amenaza al pueblo con una «venganza ejemplar» en caso de agresión contra el rey y su familia. Los parisinos, convencidos de la duplicidad del soberano, desatan su ira el 10 de agosto de 1792. Las secciones parisinas, reunidas en una comuna insurreccional, toman las Tullerías, obligando a la familia real a refugiarse en la Asamblea. Mientras esta está encerrada en la cárcel del Temple, la evidencia de su acuerdo con las potencias extranjeras contra la Francia revolucionaria conduce al gobierno de la Primera República, proclamada el 21 de septiembre de 1792, a acusar a Luis XVI. Al final de un proceso que se abre el 10 de diciembre de 1792 y que acaba el 18 de enero de 1793, el rey, designado con el nombre de Luis Capet, es condenado a muerte. Finalmente, es guillotinado el 21 de enero de 1793.

Luis XVI y el abad Edgeworth de Firmont al pie del cadalso, cuadro de Charles Benazech, 1793. El abad Edgeworth de Firmont (1745-1807) fue el último confesor del rey.

LA GUERRA EN EUROPA Y EN FRANCIA

El 20 de abril de 1792, el rey y la Asamblea declaran la guerra a Austria. El ejército permanente, ejército real, ha perdido gran parte de su personal debido a la emigración de los oficiales y a las deserciones. Por eso, a partir de 1791, la Asamblea Constituyente inicia el reclutamiento de voluntarios. Casi 100 000 hombres jóvenes se alistan al ejército por patriotismo. Con los efectivos reforzados aún más por un segundo llamamiento en 1792, durante la declaración de guerra, aproximadamente 300 000 hombres son enviados a diferentes frentes en el este y el norte de Francia. El ejército francés alterna capitulaciones y victorias. Los prusianos ganan las batallas de Verdún y Longwy (23 de agosto de 1792), pero son derrotados en Valmy (20 de septiembre de 1792) por los generales Carlos Francisco Dumouriez (1739-1823) y François Étienne Kellermann (1770-1835). Dumouriez incluso gana la batalla de Jemappes (Bélgica) contra los austriacos el 6 de noviembre. Pero las naciones europeas se reúnen en una coalición, que será la primera de una serie de siete que se sucederán hasta 1815.

Francia declara entonces la guerra a Inglaterra y las Provincias Unidas (norte de los Países Bajos) en febrero de 1793 y a España en marzo. La amenaza que ahora pesa sobre todos los lados de las fronteras francesas obliga a la Convención (que sucede a la Asamblea Legislativa en septiembre de 1792) a ordenar un reclutamiento en masa de 300 000 hombres. Puesto que el voluntariado no es suficiente para proporcionar el contingente necesario, se procede al requerimiento. El patriotismo de los voluntarios alistados en 1790 se transforma en descontento para los reclutados, especialmente en las regiones del oeste de Francia (Vendée, Loira inferior y Maine y Loira), que se sublevan durante la primavera de 1793.

La Convención ahora se enfrenta tanto a la guerra contra las naciones europeas coaligadas como a una guerra civil que la opone a los insurgentes de Vendée. El 10 de octubre de 1793, esta declara a la patria en peligro, introduce el Terror en el orden del día, e instaura un Gobierno extraordinario llamado «revolucionario». Aplazando la aplicación de la Constitución, la Convención centraliza la mayoría de los poderes para proteger a la república hasta que se restablezca la paz.

GIRONDINOS Y MONTAÑESES

La Asamblea Legislativa y más adelante la Convención son el lugar de los juegos de poder entre grupos políticos. Los dos principales, cuya lucha fratricida desemboca en el comienzo del Terror, son los girondinos y los montañeses.

Los primeros, denominados girondinos debido al origen de sus representantes, esencialmente de la Gironda, también se conocen como brisotinos, por el nombre de su líder, Jacques Pierre Brissot (escritor y político francés, 1754-1793). Son burgueses ricos, abogados, periodistas, ardientes defensores de la revolución, pero con miedo al fervor popular. Esta desconfianza les conduce a romper rápidamente con los jacobinos, a los que acusan de avivar las insurrecciones parisinas. Los girondinos dominan la Asamblea Legislativa y son partidarios de una monarquía constitucional. En marzo de 1792, Luis XVI forma un Gobierno girondino que se convierte en el promotor de la guerra contra las monarquías europeas. Pero los primeros reveses militares, el hecho de que el general Carlos Francisco Dumouriez se pase al bando enemigo después de los ataques de los que es objeto por parte de la Convención, el levantamiento del 10 de agosto de 1792 y la condena a muerte de Luis XVI a la que los girondinos tratan de oponerse los sitúan en una posición peligrosa dentro de la Convención. La caída de la Gironda se precisa en la primavera de 1793. Después de rechazar la creación del Tribunal Revolucionario en marzo, esta intenta amordazar a la Comuna de París mediante la detención del diputado montañés y presidente de los jacobinos Jean-Paul Marat (médico y político francés, 1743-1793), y mediante la creación de una comisión encargada de investigar a los sans-culottes (manifestantes). Estos se levantan el 31 de mayo de 1793 y rodean la Convención el 2 de junio, obligándola, bajo el Terror, a aprobar la detención de 31 diputados de la Gironda. Una decena de ellos, incluyendo Jacques Pierre Brissot y Manon Roland (conocida como Madame Roland, mujer de letras francesa, 1754-1793) son guillotinados el 31 de octubre y el 8 de noviembre de 1793. Algunos logran huir y participan en las insurrecciones federalistas originadas por la eliminación de los girondinos. La Convención entonces está en manos de los montañeses.

Frente a la Gironda, la Montaña también se compone de abogados y periodistas, así como de hombres de letras o de teatro. Esta, que se opone ferozmente a la monarquía y que es favorable a la muerte del rey, se apoya en las secciones parisinas, los clubes jacobinos y los sans-culottes para establecer la república a la que estos aspiran, mientras que teme sus excesos. Entre ellos cabe destacar a Maximilien de Robespierre, Georges Danton (abogado y político francés, 1759-1794), Jean-Paul Marat y Jean-Marie Collot d'Herbois (actor y político francés, 1749-1796). Artífices del Terror, rápidamente se dividen, sin embargo, en corrientes distintas, de los más moderados a los más extremistas, cuyos representantes acaban pasando uno tras otro por la guillotina, lo que resulta en la práctica desaparición de la Montaña hasta mediados del siglo XIX.

¿SABÍAS QUE...?

La Revolución francesa es un período complejo debido a la multitud de corrientes políticas y de expresión. Los girondinos, por ejemplo, para hacer frente al radicalismo de la Montaña y al poder de las secciones parisinas, defienden el federalismo. Los federalistas, habitantes de las ciudades de provincia, son partidarios de una cierta autonomía de los departamentos frente a la hegemonía de la capital. Se levantan en Marsella y Lyon en 1793, cuando los girondinos son expulsados y detenidos por los partidarios de la Montaña.

Por su parte, la Montaña está compuesta, entre otros, por los sans-culottes. Este término se refiere a la población revolucionaria modesta, que da vida en gran parte a la Comuna de París, dentro de las secciones. En 1790, la ciudad de París de hecho es dividida en 48 divisiones territoriales y administrativas denominadas secciones, encargadas en primer lugar de elegir a los miembros del consejo municipal. Así, la ciudad obtiene su independencia frente al poder central y constituye una comuna en sí misma. Pero una parte de las secciones, que se dotan de comités muy activos, rápidamente se convierten en núcleos de movimiento revolucionario, haciendo un llamamiento a la insurrección y presionando así a las diferentes asambleas.

BIOGRAFÍAS

MAXIMILIEN MARIE ISIDORE DE ROBESPIERRE

Retrato de Robespierre.

Maximilien de Robespierre nace en Arras el 6 de mayo de 1758. Después de la muerte de su madre y de que su padre se marche, él y sus cuatro hermanos pasan a estar bajo el cuidado de su abuelo materno, cervecero en Arras. El obispo de la ciudad, después de darse cuenta de su talento, le permite obtener una beca para estudiar Derecho en París en el colegio Louis-le-Grand.

Ya con el título de abogado en 1781, frecuenta los círculos filosóficos de Artois, donde ejerce su actividad profesional. Es elegido diputado del tercer estado durante la reunión de los Estados Generales por Luis XVI en 1789. Partidario desde siempre de la democracia integral (sufragio universal directo, educación obligatoria y gratuita, impuesto proporcional a los ingresos, abolición de la esclavitud, etc.), rechaza todas las formas de privilegio nobiliario o clerical. Se convierte en presidente del Club de los Jacobinos en 1790 y comienza a destacar en la Asamblea Constituyente y entre el pueblo de París, que lo apoda «el Incorruptible». Por otra parte, rechaza la política militar y bélica de la Asamblea Legislativa.

En 1792, su oposición al general La Fayette (militar y político francés, 1757-1834), que defiende una monarquía constitucional y denuncia el poder de los jacobinos, conduce a la tragedia del levantamiento del 10 de agosto de 1792. Después de que las secciones parisinas tomen las Tullerías, Robespierre exige la elección de una nueva Asamblea y la destitución del rey. Como diputado de la Convención, preside el proceso.

En 1793, dirige el grupo político de los montañeses, que

trata de aplastar a los girondinos considerados demasiado moderados. Ante los peligros a los que se enfrenta la república, los montañeses instauran en octubre de 1793 un Gobierno revolucionario que, a través de medidas excepcionales, pretende fundar las instituciones democráticas. Es un Gobierno de terror, basado en la represión masiva y sistemática de cualquier forma de oposición a la política revolucionaria, conducido por los miembros del Comité de Salvación Pública, entre los que se encuentra Robespierre.

Robespierre también establece el culto al Ser Supremo en noviembre de 1793, y aprueba la abolición de la esclavitud en febrero de 1794. Pero la Ley del 22 de Pradial (10 de junio de 1794), que endurece las condiciones de comparecencia de los acusados ante el Tribunal Revolucionario, suscita una fuerte oposición dentro de la Convención e incluso dentro del Comité de Salvación Pública. Abandonado por las mismas personas que lo habían apoyado, Robespierre es derrocado el 9 de termidor (27 de julio de 1794). Detenido junto con sus compañeros Louis Antoine de Saint-Just, Philippe Le Bas (abogado y político francés, 1764-1794), Georges Couthon y su hermano Augustin de Robespierre (abogado y político francés, 1763-1794), pero con el apoyo de una parte de la Comuna de París, es liberado y se refugia junto con los otros acusados en el Ayuntamiento. La Convención, por temor a un nuevo levantamiento de la Comuna, inmediatamente pone a los acusados fuera de la ley, lo que los condena a muerte sin juicio. El 10 de termidor (28 de julio), los guardias nacionales los detienen, después de que Maximilien intente suicidarse con un disparo en la mandíbula. Este último es guillotinado a última hora de la tarde en la Plaza de la

Revolución.

LOS CLUBES POLÍTICOS

La vida política de París y de las provincias está animada por muchos clubes, donde se reúnen los pensadores de la Revolución. En mayo de 1789, los diputados de Bretaña crean el Club Bretón en Versalles, durante la celebración de los Estados Generales. Durante la instalación de la Asamblea Constituyente en París, este adopta el nombre de Sociedad de los Amigos de la Constitución, apodada Club de los Jacobinos, ya que sus reuniones se celebran en un convento dominico (a los dominicos se les llamaba «jacobinos» por el nombre de Santiago el Mayor, cuya capilla pertenecía al primer convento fundado por los monjes en París). El club, que inicialmente se muestra a favor de una monarquía constitucional, tras la huida del rey se divide en dos corrientes. Los jacobinos moderados se reúnen en el Club de los Feuillants, dejando el Club de los Jacobinos propiamente dicho para los más radicales, ahora decididamente demócratas.

LOUIS ANTOINE LÉON DE SAINT-JUST

Retrato de Louis Antoine Léon de Saint-Just.

Nacido el 25 de agosto de 1767 en el Nièvre (Borgoña), Louis Antoine de Saint-Just es hijo de un capitán de caballería. Comienza a estudiar Derecho y se convierte en pasante de procurador. Es huérfano de padre, y mantiene una mala relación con su madre. Por eso, es internado en un reformatorio de París, desde el otoño de 1786 hasta marzo de 1787. De vuelta a su ciudad natal de Blérancourt (Picardía), entra en la Guardia Nacional en 1789. Participa en la fiesta de la Federación en el Campo de Marte el 14 de julio de 1790.

En 1792, es elegido diputado por el Aisne a la Convención, donde destaca por sus posicionamientos exaltados. Es un ferviente admirador de Robespierre, al que apoya incondicionalmente. Al entrar en el Comité de Salvación Pública en mayo de 1793, ataca con virulencia a los girondinos y exige un Gobierno revolucionario autoritario. En otoño, se le hace responsable de garantizar los suministros y el atavío del Ejército del Rin y de restaurar la moral de las tropas. En enero de 1794, lleva a cabo la misma misión en el Ejército del Norte, permitiendo la victoria de Fleurus.

En febrero de 1794, es elegido presidente de la Asamblea y trata de sentar las bases económicas y sociales del Gobierno al que aspira. Sin embargo, su dureza y su implicación en falsos rumores dirigidos a acusar a los dantonistas le hacen ganarse la enemistad de la Convención. El 9 de termidor (27 de julio de 1794) es acusado junto con Robespierre y es guillotinado con él el día siguiente.

GEORGES COUTHON

Retrato de Georges Couthon.

Nacido el 22 de diciembre de 1755 cerca de Clermont-Ferrand, Georges Couthon estudia Derecho, se convierte en abogado y luego en presidente del Tribunal de Clermont-

Ferrand en 1790.

En 1791 es elegido diputado en la Asamblea Legislativa. Más adelante, es reelegido a la Convención y se une a los montañeses, siendo virulento en sus discursos y a la vez defendiendo la moderación en las sanciones. En julio de 1793 se une a Robespierre y a Louis Antoine de Saint-Just en el Comité de Salvación Pública, y es enviado en una misión para restaurar el orden en Lyon, levantada desde mayo contra la Convención tras la caída de los girondinos. Asedia la ciudad, entra en ella el 9 de octubre, y comienza una represión que, tras su regreso a París, continuarán Jean-Marie Collot d'Herbois y Joseph Fouché (profesor y político francés, 1759-1820). Nombrado presidente de la Asamblea en diciembre de 1793, es el relator de las leyes del 22 de pradial, que endurecen las condiciones de juicio de los acusados, eliminando a los defensores y reduciendo las sanciones a la única pena de muerte. Es detenido y guillotinado junto con Robespierre el 28 de julio de 1794.

EL TERROR

Determinar la fecha de inicio del Terror —1792 o 1793— no es fácil. En efecto, no se trata de un cambio de régimen ocurrido en una fecha específica, sino de un proceso establecido durante varios meses antes de que se observen sus efectos.

DE UN OTOÑO AL OTRO

En verano de 1792 comienzan los sobresaltos del Terror. Después de la declaración de guerra a Austria, los primeros meses del conflicto están marcados por las sucesivas derrotas de las tropas francesas. En junio, el rey veta el reclutamiento de tropas para la defensa de París. El pueblo lo ve como una estrategia para entregarlo a los ejércitos extranjeros, y su ira se desata. La capital, amenazada con duras represalias en caso de agresión a la familia real mediante el Manifiesto de Brunswick (23 de julio de 1792), se levanta en una Comuna Insurreccional el 10 de agosto. El 30 de agosto, se restablecen las visitas domiciliarias (batida arbitraria de las fuerzas armadas en el domicilio de los sospechosos de traición).

A finales de agosto y principios de septiembre de 1792, dos nuevas derrotas del ejército francés vuelven a sembrar el pánico entre los parisinos. Entre el 2 y el 6 de septiembre, temiendo la llegada de los enemigos, los ciudadanos de la capital francesa invaden las prisiones y masacran a casi 1300 prisioneros, sacerdotes y miembros de la aristocracia, temiendo su liberación. El día después de la victoria de las tropas francesas en Valmy, se produce la abolición de la monarquía y la proclamación de la Primera República. El 2 de octubre de 1792 se crea el Comité de Seguridad General, que se encarga de la policía y la seguridad del Estado a través de la prevención, la vigilancia y el castigo de los delitos contrarrevolucionarios. Su efecto es retroactivo, y se interesa por algunos asuntos que se remontan al levantamiento del 10 de agosto.

Cuando empieza el juicio del rey, las tensiones en la Convención entre girondinos y montañeses se acentúan. Los girondinos tratan de evitar la muerte de Luis XVI y se oponen a la radicalización de la política bajo la presión de la Comuna. Sin embargo, no pueden impedir la creación, en marzo de 1793, de una red de control y de represión de la contrarrevolución: el decreto del 9 de marzo sustituye a los comisarios de la Convención por el estatuto de representantes en misión, diputados con todos los poderes para aplicar las decisiones adoptadas por la Asamblea en las provincias. El 10 de marzo se instaura el Tribunal Revolucionario para juzgar los crímenes contrarrevolucionarios. El 21 de marzo se crean los Comités de Vigilancia Revolucionaria, cuyos miembros designados por los representantes en misión son responsables de vigilar a los extranjeros y los sospechosos, así como de hacer cumplir las leyes revolucionarias en todas las comunas francesas. El 6 de abril, entra en funciones el Comité de Salvación Pública. Compuesto por un panel de 9, 14 y finalmente 12 diputados elegidos por sus pares, en realidad es un Gobierno completo, compuesto por ministros, que decide la política que hay que implementar.

Al mismo tiempo, Vendée se levanta frente al reclutamiento

masivo de 300 000 soldados, mientras que los voluntarios que han vuelto del frente después de la victoria de Jemappes protestan por tener que volver a combatir.

En un intento para contrarrestar el impulso radical conferido a la república por la parte montañesa de la Asamblea, los girondinos ordenan detener al diputado Jean-Paul Marat, el hombre responsable de la creación de las instituciones revolucionarias y que llama a la insurrección, tanto desde la tribuna como en su periódico, *L'Ami du peuple*. No obstante, el Tribunal Revolucionario lo absuelve, y las secciones de París lo vitorean. Entonces, Marat organiza como represalia el levantamiento del 2 de junio de 1793, que conduce a la caída y la condena a muerte de los principales líderes de la Gironda. Su asesinato, el 13 de julio de 1793, continúa exacerbando la violencia.

EL ASESINATO DE MARAT

Marie-Anne Charlotte Corday d'Armont (1768-1793) es la responsable del asesinato de Jean-Paul Marat en su bañera, tras propinarle varias puñaladas. La mujer, a menudo considerada como una figura heroica monárquica y contrarrevolucionaria, en realidad es una republicana partidaria de los girondinos, y considera que Marat es responsable de la caída de la Gironda. Es detenida y posteriormente guillotinada el 17 de julio de 1793.

Retrato de Marie-Anne Charlotte Corday d'Armont.

En las ciudades de Burdeos, Lyon y Marsella, la población se levanta durante el verano, aunque esta vez no lo hace para defender la revolución, sino la moderación. Los federalistas, que defienden una mayor autonomía para las ciudades y que apoyan a los girondinos, se sublevan contra el autoritarismo creciente y arbitrario de la capital. En Marsella, los representantes en misión son perseguidos, y los jacobinos, guillotinados. En Lyon, el montañés Marie Joseph Chalier (1747-1793), a la cabeza del municipio, es derrocado y ejecutado el 17 de julio. El 28 de agosto, la población de Tolón prefiere entregarse a los ingleses antes que someterse al yugo de la Convención.

Frente a la agitación, la palabra «terror» hace su aparición: el 5 de septiembre de 1793, Bertrand Barère (jurista y político francés, 1755-1841) proclama que el Terror debe incluirse en el orden del día. Un Terror que debe caer sobre los contrarrevolucionarios para salvar a la república de los peligros que la amenazan, pero también sobre el pueblo, para canalizar su violencia incontrolable mediante la del nuevo Gobierno, organizada.

Un nuevo calendario

A partir del 21 de septiembre de 1792, fecha de la creación de la Primera República, el calendario gregoriano se transforma en calendario republicano, basado en el nuevo sistema decimal. Así, el 22 de septiembre de 1792 se convierte en el 1 de vendimiario del año I.

Cada año se divide en 12 meses de 30 días, divididos en tres décadas. Al final del año, se añaden los cinco o seis días que faltan para formar el año solar, llamados días complementarios o Jornadas «Sans-culottides» (de los sans-culottes). Días y meses son rebautizados a manos del poeta Fabre d'Églantine (1750-1794). Los meses de invierno tienen un final en «oso», los meses de primavera en «al», los meses de verano en «or» y los de otoño en «ario», y todos están relacionados con la naturaleza. El nombre de santo asignado a cada día se sustituye por un nombre de planta, mineral o animal.

Este calendario queda abolido por Napoléon I (1769-1821) en el año XIV del calendario republicano, es decir, el 1 de enero de 1806.

GOBERNAR CON LA GUILLOTINA

El objetivo del nuevo Gobierno, declarado «revolucionario» (pretendidamente «extraordinario»), es conseguir luchar contra el enemigo en el exterior, pero sobre todo en el interior. Quiere eliminar cualquier forma de oposición, poniendo fin a los levantamientos de Vendée, de los federalistas y a las menores conspiraciones u oposiciones, falsas o demostradas, incluso entre sus líderes. Durante diez meses, las instituciones establecidas en la primavera de 1793 intentarán, a marchas forzadas, restaurar la «virtud revolucionaria», tratando de encontrar un equilibrio entre una presión popular a veces extremista y la voluntad de conservar una forma de parlamentarismo.

El 17 de septiembre de 1793 se aprueba la Ley de Sospechosos, que define como tal a todos los nobles, familiares de emigrados y funcionarios de la monarquía, pero también a cualquier persona que, mediante sus actos, sus palabras o sus escritos podría sugerir que es partidaria de la monarquía o del federalismo. También permite la detención de sospechosos por mera presunción por parte de los comités de vigilancia locales y la remisión al Comité de Seguridad General.

El 29 de septiembre, la llamada Ley del Máximo bloquea los precios y los salarios. De este modo, la Convención trata de encontrar una solución a los constantes problemas de abastecimiento. Frente al hambre, motor principal de las revueltas populares casi cotidianas desde la primavera, la Ley de Sospechosos se amplía rápidamente a cualquier persona que alimentaría este temor, aportaría información falsa sobre el abastecimiento o impediría su buen funcionamiento. A partir del mismo mes de septiembre, algunos ejércitos revolucionarios se ven confiada la misión de recorrer las zonas rurales con el fin de garantizar el respeto de los precios y de las medidas de abastecimiento adoptadas por la Asamblea. Los acaparadores pueden ser castigados con la pena de muerte.

El decreto del 4 de diciembre de 1793 organiza el funcionamiento del nuevo Gobierno, encabezado por dos comités: el Comité de Seguridad General y el Comité de Salvación Pública. El segundo cuenta con 12 miembros que representan diversas tendencias: entre ellos hay algunos moderados, como Bertrand Barère; montañeses con tendencias más marcadas como los jacobinos Robespierre, Louis Antoine de Saint-Just y Georges Couthon; y, también, encontramos a representantes del sector más extremista, apoyados por el Club de los Cordeliers, como Jean-Marie Collot d'Herbois y Jean Nicolas Billaud-Varenne (abogado y político francés, 1756-1819). El Comité de Salvación Pública firma los decretos, supervisa los ministros, dirige los ejércitos, y presenta a la Convención sus decisiones y textos jurídicos. La opinión pública considera que este comité es solo un pretexto y cree que el ejercicio real del poder reside en las manos de un triunvirato formado por Robespierre, Louis Antoine de Saint-Just y Georges Couthon. Aunque ciertamente estos tres hombres se encuentran tras las medidas más importantes adoptadas entre el otoño de 1793 y la primavera de 1794, estas se aprueban de forma asamblearia.

El Tribunal Revolucionario es reorganizado. A su cabeza se encuentra el acusador público Antoine Fouquier-Tinville (1746-1795), asistido por suplentes y por un jurado designado por la Convención tras la propuesta de los dos comités. Sus decisiones son inapelables. A medida que aumenta su actividad, el número creciente de presos obliga a abrir nuevas cárceles. En los últimos meses de 1793, se emiten cerca de 200 sentencias de muerte, incluyendo la de la reina María Antonieta.

En las provincias, los levantamientos federalistas son reprimidos con violencia. Lyon es tomada el 9 de octubre, después de un largo asedio, y Bertrand Barère hace que la Convención apruebe un decreto que condena la ciudad a ser destruida y a desaparecer de la lista de comunas de Francia, llamada ahora Ciudad Liberada. La represión de los representantes en misión Jean-Marie Collot d'Herbois y Joseph Fouché causa más de 2000 víctimas. Toulon es retomada en diciembre. Después de la debacle del ejército real y católico de Vendée, en enero de 1794 Louis Marie Turreau (general francés, 1756-1816) constituye las columnas infernales, encargadas de acabar con el levantamiento de Vendée. En Nantes, Jean-Baptiste Carrier (fiscal y político francés, 1756-1794) lleva a cabo una purga en masa ejecutando y ahogando a los prisioneros en el Loira.

FUNDAR UNA REPÚBLICA IGUALITARIA

Durante los 10 meses que dura el Terror, el Gobierno revolucionario no se conforma con la caza de los sospechosos y con hacer pasar por la guillotina a la población francesa. El propósito del Gobierno extraordinario es, en efecto, fundar la república, confiriéndole marcos legales. Así pues, durante este período se desarrolla todo un arsenal de leyes, ignoradas demasiado a menudo.

Una de las leyes más importantes, que muestra la igualdad de los hombres, es la abolición de la esclavitud, el 4 de febrero de 1794.

En el marco del derecho de familia, el derecho de primogenitura en materia de sucesión se elimina en favor del reparto igualitario, que se extiende incluso a los hijos ilegítimos (2 de noviembre de 1793). El divorcio, autorizado desde septiembre de 1792, se complementa con medidas adicionales por decreto en abril de 1794.

La instrucción también es objeto de todas las miradas, aunque se caracteriza por un cierto extremismo: la nación debe ocuparse de los niños desde una edad temprana para educarlos en el pensamiento republicano, apartándolos de posibles influencias familiares nefastas. En febrero de 1794 se promulgan las leyes que organizan la enseñanza primaria y la remuneración de los maestros.

En el ámbito económico, la Ley del Máximo se aplica en tiempos de crisis, pero dentro de un marco que intenta conservar cierta libertad de comercio. Así, la Ley del 11 de Marzo de 1794 permite el libre comercio con todas las naciones aliadas o neutrales en el conflicto entre Francia y la coalición.

La tentación de la descristianización (expresada en el nuevo calendario) y del ateísmo, promovido por los hebertistas (que apoyan a Jacques René Hébert, periodista y político francés, 1757-1794), es frenada por los robespierristas, y la Convención mantiene la libertad de culto, añadiendo el del Ser Supremo. Un decreto también salva de la deportación a los eclesiásticos casados.

Varias leyes organizan la caridad nacional para los más desfavorecidos, los ancianos, las mujeres y las madres solteras, como la del 8 de Ventoso del Año II (26 de febrero de 1794), que prevé la redistribución a los más pobres de los bienes confiscados a los emigrados.

EL FIN DEL TERROR

Sin embargo, a partir de diciembre de 1793, surgen nuevas divisiones entre los montañeses. Robespierre y sus partidarios intentan navegar entre el escepticismo y la exacerbación revolucionaria. Jacques René Hébert —el hombre tras la iniciativa de las leyes de sospechosos y del máximo, instigador de la descristianización y miembro del Club de los Cordeliers— encuentra que la Convención es demasiado moderada y pide a la Comuna de París que endurezca todavía más la política a través de su insurrección. Los moderados Danton y Robespierre, reacios al populismo de los «exagerados», se ponen de acuerdo en un principio para descartar la amenaza hebertista. El último es detenido en marzo de 1794, mientras prepara una insurrección de las secciones, y es guillotinado el 24 de ese mes. Pero Danton pronto deja que lo invada la moderación. En efecto, hace meses que reclama, frente a las victorias militares de finales de 1793 y al cese de los levantamientos internos, el final del Gobierno de excepción y la aplicación de la Constitución de 1793. Danton y su grupo defienden el apaciguamiento y la clemencia, lo que les hará ganarse el apodo de «indulgentes». El primero es detenido durante la noche del 29 al 30 de marzo de 1794 y es ejecutado el 5 de abril.

La Ley del 10 de Junio de 1794 precipita el final del Terror. Esta suprime algunas garantías habituales de la justicia para los sospechosos (defensor, testimonios escritos), y solamente contempla una pena (la muerte), mientras que define motivos de condena más restringidos. Su aplicación, sin embargo, no da cuenta de este aspecto restrictivo: conduce a una explosión de ejecuciones, causando 1376 víctimas en el espacio de seis semanas. Este «Gran Terror», junto con nuevos problemas relacionados con el trigo, despierta la agitación parisina. Robespierre aboga por una renovación de los comités, una nueva alianza en la Convención. Pero fuera de la Convención, las tensiones también prevalecen entre los dos comités que dirigen Francia. El Comité de Seguridad General se siente despojado de una parte de sus funciones a causa de la creación de una oficina de policía general. Incluso dentro del Comité de Salvación Pública, los hombres están divididos en lo que se refiere a la aplicación de las leyes de emergencia por los comités de vigilancia, que son suprimidos por la Ley del 29 de Floreal (18 de mayo de 1794), remitiendo los sospechosos de crímenes contrarrevolucionarios al único Tribunal Revolucionario de París. Robespierre también sufre la ira de los representantes en misión, reprendidos por sus excesos, y la de los moderados que no comprenden el mantenimiento de un Gobierno de excepción en una Francia pacificada y victoriosa en su guerra contra Europa.

El 9 de termidor, Jean-Marie Collot d'Herbois, presidente de la Asamblea, interrumpe en la tribuna de la Convención a sus antiguos aliados, Louis Antoine de Saint-Just y Robespierre. Se aprueba un decreto de acusación contra ellos y Georges Couthon. Detenidos, se escapan y se refugian en el Ayuntamiento, con la ayuda de la Comuna de París. La Convención los declara inmediatamente fuera de la ley, lo que los condena a muerte sin juicio previo. La Comuna hace un llamamiento a la insurrección de las secciones para apoyar a los condenados, pero estas solo se levantan tímidamente. El 27 de julio de 1794, Maximilien de Robespierre y una veintena de sus seguidores son guillotinados junto con los que les apoyaban en la Comuna, aumentando a 108 el número de víctimas del complot del 9 de termidor.

EL CLUB DE LOS CORDELIERS

Además del Club de los Jacobinos, el Club de los Cordeliers también participa activamente en la vida política durante el Terror, y a menudo está tras las leyes sociales más avanzadas. La Sociedad de Amigos de los Derechos del Hombre y del Ciudadano debe su nombre al convento de monjes franciscanos (apodados «cordeliers» en francés, es decir, «cordeleros»), donde se reunían sus asambleas. Creado en 1790 en París, su entrada es gratuita, a diferencia de la del Club de los Jacobinos —que es su rival—, abriendo así sus puertas a personas de todos los orígenes. Está dirigido por Georges Danton, Jean-Paul Marat, Camille Desmoulins (1760-1794) y Jean-Baptiste Hébert. Su actividad se basa en el mantenimiento de la presión popular, gracias a la insurrección, en las diferentes asambleas. Asimismo, este club es el que organiza, el 17 de julio de 1791, la manifestación del Campo de Marte contra la restauración del poder de Luis XVI después de su detención en Varennes, una concentración que acaba en tiroteo. También es activo en la organización de la insurrección del 10 de agosto de 1792 y en la de mayo de 1793 que conducen a la caída de los girondinos, y se divide en dos corrientes: la de los «indulgentes», moderados, representados por Georges Danton, y la de los «exagerados», encabezados por Jean-Baptiste Hébert. Ambos son guillotinados en marzo de 1794, con lo que se pone fin a la actividad del club.

REPERCUSIONES

LAS VÍCTIMAS DEL TERROR

Las víctimas del Terror se cuentan tanto dentro de la capital como en las provincias. En total, más de 16 000 personas son guillotinadas, y de estas, casi 3000 solo en París. En la capital, el Tribunal Revolucionario condena a alrededor de 1250 personas entre el otoño de 1793 y las leyes de pradial (mayo-junio de 1794), y a más de 1300 en el mes que precede a la detención de Robespierre.

La represión del movimiento federalista en Lyon causa cerca de 1700 víctimas. En Nantes, entre los fusilamientos de presos y los ahogamientos, entre 2000 y 4000 prisioneros perecen durante la misión del representante Jean-Baptiste Carrier. En total, se estima que las víctimas del Terror (sin contar el centenar de miles causado por la guerra de Vendée) superan los 30 000 muertos, en su gran mayoría —casi el 80 %— procedentes del pueblo.

LA REACCIÓN DE TERMIDOR

Después de la muerte de Robespierre, la Convención, entonces llamada termidoriana, lleva a cabo una liberación masiva de los sospechosos del Terror (cerca de 15 000 prisioneros son puestos en libertad) y una política de purga.

El 29 de julio, la Convención termidoriana aprueba la renovación de los dos comités, cuya actividad se reorganiza el 24 de agosto. Las funciones del Comité de Salvación Pública se reducen a favor del nuevo Comité de Legislación al que se le confía una parte de la administración interna del país. La Ley del 22 de Pradial, que endurecía las condiciones de comparecencia de los acusados ante el Tribunal Revolucionario, es abolida el 1 de agosto. El 13 del mismo mes, casi dos tercios de los representantes en misión son relevados de sus cargos y reemplazados. La duración de su misión ahora está limitada a tres meses en los departamentos y a seis meses en los ejércitos.

El Club de los Jacobinos, cuyos miembros son atacados regularmente en refriegas callejeras, se cierra el 12 de noviembre de 1794, y las 48 secciones de París, focos de levantamientos populares, se agrupan en 12 distritos, deshaciendo así las redes de entente y solidaridad. En noviembre, se abre el proceso de Jean-Baptiste Carrier, que se convierte en el proceso del Terror. Este último es guillotinado el 16 de diciembre de 1794.

En marzo de 1795, los antiguos amigos de Robespierre en el Comité de Salvación Pública, Bertrand Barère, Jean Nicolas Billaud-Varenne y Jean-Marie Collot d'Herbois, que habían participado en el complot en su contra, son detenidos a su vez y deportados a Guyana.

EL TERROR BLANCO

La Convención, que trata de librarse de las escorias del gobierno terrorista —abriendo las prisiones, mediante la autorización el 10 de enero de 1795 del retorno de los emigrados que salieron de Francia a partir del 31 de mayo de 1793, permitiendo salir de la clandestinidad a muchos sacerdotes refractarios gracias a la restauración de la libertad de culto el 21 de febrero— siembra las semillas de un gigantesco movimiento de venganza, llamado «Terror Blanco». Efectivamente, las víctimas del Terror, rehabilitadas y puestas en libertad, se encuentran frente a sus torturadores, muchos de los cuales están bajo arresto domiciliario por la Ley del 23 de Febrero de 1795 y, por lo tanto, están entregados a sus enemigos. En todas las ciudades donde se había ejercido la violencia, surgen listas de terroristas que hay que eliminar. Las represalias más violentas se producen en las regiones donde el federalismo ha sido reprimido de forma más severa: los presos terroristas son masacrados en las cárceles de Lyon los días 4, 5 y 6 de mayo de 1795; en Aix-en-Provence, los días 10 y 11 de mayo; en el fuerte de San Juan en Marsella, el 5 de junio.

Así pues, durante la primera mitad del año 1795, la Convención se enfrenta a la represión, tanto de los antiguos terroristas del año II como de los actores del Terror Blanco. El 22 de agosto de 1795, la Convención adopta una nueva Constitución, que una vez más desata las pasiones de los parisinos, que ven en ella el retorno de los ideales terroristas. El levantamiento de las secciones del 5 de octubre de 1795 (13 de vendimiario), después del plebiscito de la Constitución, es reprimido de forma sangrienta —en particular, con la acción del general Napoleón Bonaparte—.

El 26 de octubre, se acaba el capítulo de la Convención. Después de la aprobación de la amnistía general en favor de los hechos de la revolución en un intento por poner fin al Terror y a la represión antiterrorista, la Convención termina su trabajo y se retira en favor del nuevo cuerpo legislativo establecido por la nueva Constitución del año III. Entonces se abre el Directorio que, el 4 de noviembre de 1795, elimina el Comité de Seguridad General, el último vestigio del Terror.

REVOLUCIÓN Y TERRORISMO, UN DEBATE HISTORIOGRÁFICO

La reacción termidoriana es una condena del sistema terrorista, principalmente por el hecho de que la Convención, para legitimar su continuidad, debía exonerarse. Así pues, tuvo que concentrar en un pequeño grupo de personas la responsabilidad de las atrocidades cometidas durante menos de un año y tratar a Robespierre de dictador. Esta imagen del Terror es la que ha perdurado más de un siglo, ocultando tras la intensidad de la violencia represiva el vigor de los debates y el valor de los progresos realizados en los ámbitos económicos y sociales, progresos que participarán en la fundación de la república democrática francesa a lo largo del siglo XIX. Pero también se ha ignorado durante mucho tiempo la intensidad de la vida cultural y científica —que se mantiene incluso durante esos años oscuros— a menudo promovida por la Convención, que ve en ella un medio de propaganda eficaz. Y, por último, los excesos de la represión de algunos representantes en misión y de algunos comités revolucionarios hace olvidar el trabajo de mediadores y contemporizadores realizado por muchos otros representantes en Isère, en los Vosgos o en el Aisne, y el discernimiento de muchos tribunales revolucionarios, lejos del aterrador tribunal parisino. Además, el personaje de Robespierre no se resume, si es que eso es justo, a la imagen de un dictador frío y sanguinario. De hecho, nunca ha concentrado el poder únicamente en sus manos, siendo solamente un miembro —aunque influyente y persuasivo— de una dirección bicéfala del Estado. Desde hace décadas, la historia muestra un retrato complejo suyo, el de un personaje dividido entre sus ideales republicanos y humanistas y la realidad del ejercicio del poder en un país en plena revolución. Esto también plantea otro interrogante historiográfico: ¿la revolución, más que sus actores, es en sí misma el terreno o la semilla de toda forma de terror?

EN RESUMEN

1789
Revolución francesa

1792
21 sept.: proclamación de la Primera República
10 mar.: creación del Tribunal Revolucionario

1793-1794
Represión de los levantamientos provinciales

1794
Mar.: ejecución de Danton
27 jul.: ejecución de Robespierre

Jul. 1794-oct. 1795
Fin del Terror

1795
Comienzo del Directorio

- El 21 de septiembre de 1792, se proclama la Primera República.

- El 10 de diciembre de 1792 comienza el juicio de Luis XVI, detenido después del levantamiento de la Comuna de París el 10 de agosto del mismo año. Es condenado a muerte y ejecutado el 21 de enero de 1793.

- Después del Comité de Seguridad General creado el 2 de octubre de 1792, se implementan los diferentes órganos de un Gobierno revolucionario: la función de representantes en misión para los departamentos se crea el 9 de marzo de 1793, el Tribunal Revolucionario el 10 de marzo de 1793, los comités revolucionarios el 21 de marzo de

1793, y el Comité de Salvación Pública, el 6 de abril de 1793.

- Entre el otoño de 1793 y la primavera de 1794, los levantamientos provinciales son reprimidos de forma sangrienta en Lyon, Marsella y Vendée.
- En marzo de 1794, Jacques René Hébert y Georges Danton, que encarnan respectivamente las tendencias extremista y moderada del Comité de Salvación Pública, son guillotinados.
- El 10 de junio de 1794, la llamada Ley del 22 de Pradial elimina todas las garantías de justicia para los sospechosos. Entre el 10 de junio y el 27 de julio, el tribunal condena a muerte a tantas víctimas como entre septiembre de 1793 y junio de 1794.
- El 27 de julio de 1794 (9 de termidor), a raíz de un complot, Robespierre y sus partidarios en la Convención y en la Comuna son detenidos y guillotinados.
- Entre julio de 1794 y octubre de 1795, la Convención acaba con el régimen del Terror y organiza la represión de las reacciones antiterroristas, apodada Terror Blanco.
- El 26 de octubre de 1795 empieza el Directorio, que acabará el 9 de noviembre de 1799, cuando Bonaparte establecerá el Consulado.

¡Tu opinión nos interesa!
¡Deja un comentario en la página web de tu librería en línea,
y comparte tus favoritos en las redes sociales!

PARA IR MÁS ALLÁ

FUENTES BIBLIOGRÁFICAS

- Biard, Michel, Philippe Bourdin y Silvia Marzagalli. 2009. *1789-1815. Révolution, Empire, Consulat. Histoire de France*. París: Belin.
- Biard, Michel. 2008. *Les politiques de la Terreur 1793-1794*. Rennes: Presses universitaires de Rennes et Paris.
- Biard, Michel y Philippe Bourdin. 2012. *Robespierre, portraits croisés*. París: Armand Colin.
- Furet, François y Denis Richet. 1973. *La Révolution française*. París: Hachette.
- Jouette, André. 1989. *Toute l'Histoire*. París: Perrin.
- Mourre, Michel. 1996. *Dictionnaire encyclopédique d'Histoire*. París: Bordas.
- Ozouf, Mona y François Furet. 1992. *Dictionnaire critique de la Révolution française*. París: Flammarion.
- Wahnich, Sophie. 2003. *La Liberté ou la Mort. Essai sur la Terreur et le terrorisme*. París: Éditions de la Fabrique.

FUENTES COMPLEMENTARIAS

- Arasse, Daniel. 2010. *La guillotine et l'imaginaire de la Terreur*. París: Flammarion.
- Baczko, Bronislaw. 2004. "Briser la guillotine. Une amnistie thermidorienne". *Crime, Histoire & Sociétés*, vol. 8, n.° 2.
- Bart, Jean. 1995. "Les anticipations de l'an II dans le droit de la famille". *Annales historiques de la Révolution française*, n.° 300, 187-196.

- Biard, Michel. 1998. "Les pouvoirs des représentants en mission sous la Convention". *Annales historiques de la Révolution française*, n.° 311, 3-24.
- Cadio, Émilie. 2012. "Le Comité de sûreté générale (1792-1795)". *La Révolution française*, n.° 3.
- Gross, Jean-Pierre. 2003. "Florent Robin, Les représentants en mission dans l'Isère: chronique d'une Terreur 'douce' (1793-1795)". *Annales historiques de la Révolution française*, n.° 331.
- Ladjouzi, Diane. 2000. "Les journées des 4 et 5 septembre 1793 à Paris. Un mouvement d'union entre le peuple, la commune de Paris et la Convention pour un exécutif révolutionnaire". *Annales historiques de la Révolution française*, n.° 321, 27-44.
- Legoff, Jean-Baptiste. 2013. "Dénoncer les conventionnels pendant la Terreur et la Réaction thermidorienne: des logiques et pratiques entre local et national". *Annales historiques de la Révolution française*, n.° 372, 81-104.
- Linton, Marisa. 2013. "Robespierre et l'authenticité révolutionnaire". *Annales historiques de la Révolution française*, n.° 371, 153-173.
- Rives nord-méditerranéennes. 2004. "Comités de surveillance et pouvoir révolutionnaire". *Rives nord-méditerranéennes*, n.° 18.
- Vovelle, Michel. 1997. *Le tournant de l'An III*. París: CTHS.

NOVELAS Y MEMORIAS

- Belaiche-Daninos, Paul. 2013. *La Révolution fracassée*.
- Belaiche-Daninos, Paul. 2006. *Les 76 jours de Marie-*

Antoinette à la Conciergerie.
- Bouchard, Nicolas. 2011. *La Sybille de la Révolution.*
- Chandernagor, Françoise. 2002. *La Habitación.*
- Cléry, Jean-Baptiste. 1989. *Diario de lo que pasó en la torre del Temple durante el cautiverio de Luis XVI.*
- de Tourzel, Louise. 1986. *Mémoires de la gouvernante des enfants de France.*
- Dumas, Alejandro. 1846. *El caballero de Casa-Roja.*
- France, Anatole. 1912. *Los dioses tienen sed.*
- Hugo, Victor. 1874. *Noventa y tres.*
- Roland, Manon. 1986. *Memorias.*

FUENTES ICONOGRÁFICAS

- *Luis XVI y el abad Edgeworth de Firmont al pie del cadalso,* cuadro de Charles Benazech, 1793. El abad Edgeworth de Firmont (1745-1807) fue el último confesor del rey. La imagen reproducida está libre de derechos.
- Retrato de Robespierre. La imagen reproducida está libre de derechos.
- Retrato de Louis Antoine Léon de Saint-Just. La imagen reproducida está libre de derechos.
- Retrato de Georges Couthon. La imagen reproducida está libre de derechos.
- Retrato de Marie-Anne Charlotte Corday d'Armont. La imagen reproducida está libre de derechos.

PELÍCULAS

- *Danton.* Dirigida por Andrzej Wajda, con Gérard Depardieu, Wojciech Pszoniak y Anne Alvara. Francia-

Polonia: Gaumont, TF1 Films Production, S. F. P. C., T. M., Ministère de la Culture, Film Polski, Les Films du Losange y Zespól Filmowy "X", 1983.
* *La Noche de Varennes*. Dirigida por Ettore Scola, con Jean-Louis Barrault, Marcello Mastroianni y Hannah Schygulla. Francia-Italia: Opera Film y Gaumont-FR3, 1982.
* *Historia de una revolución*. Dirigida por Robert Enrico y Richard T. Heffron, con Jean-François Balmer, Jane Seymour y Andrzej Seweryn. Francia, Alemania, Italia, Reino Unido y Canadá: Les Films Ariane, Films A2, Laura Film, Antea Cinematografica, Alcor Films y Alliance Communications Corporation, 1989.

MUSEOS Y EDIFICIOS CONMEMORATIVOS

* La Conciergerie, en París, Francia.
* El jardín de las Tullerías, en París, Francia.
* La plaza de la Concordia, en París, Francia.
* El convento de los Jacobinos, en París, Francia.
* El museo de la Revolución francesa, en Vizille, Francia.
* El monumento a los Girondinos, en Burdeos, Francia.
* La cartuja, en Lyon, Francia.
* La capilla de los Brotteaux, en Lyon, Francia.